LETTRE

ÉCRITE DU CHATEAU

DE

BEAUREGARD,

A M. ***.

C'est toujours avec autant d'intérêt que de plaisir que l'on revoit un beau jour de printems et d'agrestes paysages. Pour en jouir, on quitte sans peine les fêtes, les spectacles et le luxe des villes. L'éclat des jardins somptueux éblouit quelques instans les yeux, mais il n'ouvre pas le cœur à ces douces émotions qu'il éprouve à la vue d'une riante prairie. Au milieu des travaux et des soucis d'une vie agitée, le vœu secret de la nature nous rappelle sans cesse aux charmes de la campagne. Frappé et préoccupé des beautés de celle que j'habite, j'ai essayé d'en faire la description. Au lieu de supposer qu'un ami, auquel j'ai adressé cette faible esquisse, ait commis une infidélité, en lui donnant une publicité à laquelle elle n'était pas destinée, je dirai ingénument que j'ai cru pouvoir la livrer moi-même à l'impression. J'ai été flatté de l'idée qu'elle pourrait être agréable aux habitans du lieu, par la vérité et le sentiment qui ont guidé ma plume. Ce motif était pour moi plus que suffisant.

LETTRE

ECRITE DU CHATEAU

DE

BEAUREGARD,

A M. ***.

Je vous dois compte, mon ami, de mon long séjour au Château de *Beauregard*, sur Villeneuve-Saint-Georges; je vais m'acquitter envers vous, en me reposant sur votre indulgente amitié.

Vous savez que j'ai toujours aimé la campagne et, par prédilection, les lieux élevés *qui ramènent la sérénité dans l'ame*, en sorte que je puis dire avec l'Auteur de cette observation, *que jamais pays de plaine, quelque beau qu'il soit, ne paraîtra tel à mes yeux.*

Entraîné, par ce goût dominant, je revois toujours avec un nouveau plaisir la maison et le domaine, qui, dans mon pays natal, composent mon faible patrimoine, parce qu'ils sont placés sur une haute montagne qui offre un des plus beaux sites, non-seulement, de l'ancienne Franche-Comté, mais encore de la France entière.

Du moment où je me vis fixé à Paris, déterminé par le même sentiment, je louai la maison des Capucins de Meudon dont la position est si agréable, que Voltaire écrivant de Prusse à l'un de ses amis, et voulant lui donner une idée des lieux qu'il habitait, lui disait qu'ils étaient aussi beaux que Meudon.

Cette maison ayant changé de propriétaire, je fus obligé de la quitter, et je me décidai pour celle que j'occupe actuellement. Vous applaudirez à mon choix, quand je vous aurai tracé une légère esquisse de sa situation et de ses agrémens. Mais avant tout, je dois vous faire connaître l'impulsion irrésistible qui m'y a conduit.

Le fracas, le bruyant tourbillon des grandes villes conviennent peu à cette tranquillité, si rapprochée du bonheur, et dont à mon âge on connaît tout le prix. J'éprouve malheureusement, ce que dit Champfort : *que pour vivre au milieu du monde, il faut que le cœur se brise ou se bronze*; et je veux garantir le mien de l'un et l'autre écueil.

Je crains sur-tout l'ennui, ce funeste poison de l'ame, qui la laisse sans vigueur, sans ressort, et la prive de son existence morale ; à peine j'en sens les approches, ou les premières atteintes, que mes vœux s'élancent vers ma campagne. Je jouis par anticipation des plaisirs purs et toujours nouveaux qu'elle me fait goûter ; j'abandonne précipitamment cette superbe capitale, décorée, embellie, et pour ainsi dire renouvelée par un Héros qui, dans un rare assemblage, réunit à un courage indompté, les grands talens d'administration, soit dans la paix, soit dans la guerre ; le goût du beau, le génie des arts et tout ce qui peut distinguer l'être le plus favorisé de la nature ; par ce Héros qui a innové avec tant de succès la tactique militaire, qui a bravé et démenti toutes les impossibilités politiques, et qui a prouvé sa mission par les grands miracles qu'il a opérés.

Le moment de mon départ, impatiemment attendu, arrive enfin. Deux routes s'offrent à mon choix pour le trajet ; l'une que je prends fort rarement, prolongerait mon ennui, en m'obligeant de traverser une grande partie de cette immense cité, qui offre à l'œil étonné, des villes entassées sur des villes ; un contraste perpétuel d'agita-

tion, de calme ; de palais, de chau-
mières ; de misère et d'opulence.

L'autre route, à laquelle je donne
volontiers la préférence, me porte plus
rapidement au-dehors par les boulevarts
qui se dirigent à Vitry. A peine ai-je
franchi la barrière, que mon cœur op-
pressé semble respirer plus librement.
La route agréable par elle-même, est
de plus enrichie des deux côtés de nom-
breuses pépinières peuplées de bois
de toutes espèces, et de toutes gran-
deurs. J'arrive bientôt au bac de Choisy,
et de-là en quelques minutes, à ma
demeure solitaire, au Château de Beauregard. Ce n'est que sur les lieux
même que l'on peut bien juger et apprécier les agrémens et les richesses de
son site.

Ce Château placé sur une montagne
aux deux tiers de sa hauteur, domine le
vaste bassin de la Seine, embelli de

tout ce que l'art et la nature ont de plus séduisant.

A 200 toises au-dessous et au midi de cette habitation, ce fleuve forme un cercle convexe qui, par des détours multipliés, se prolonge de droite et de gauche, à plus de deux lieues de distance, sans rien dérober à l'œil de ses différentes sinuosités.

C'est du centre même de la convexité de ce cercle, que la vue en face du Château a sa principale direction, ensorte qu'au premier aspect, on doute si le beau lit de la Seine n'a pas été creusé pour l'embellissement de ce lieu; ou si le génie du goût n'a pas décidé l'emplacement de la maison, dans ce point peut-être unique, où des beautés sans nombre, viennent se multiplier aux yeux du spectateur.

Plus loin, au de-là du fleuve, est

une immense et fertile plaine, terminée par des côteaux qui forment un demi-cercle concave très-alongé. Ces côteaux couronnés par des vignes, des forêts, des parcs, des jardins, des allées symétriques, des châteaux, des moulins et des villages sans nombre, fixent et terminent agréablement la vue, en la laissant incertaine sur l'endroit où elle se reposera de préférence.

Portant vos regards plus loin, en suivant d'Orient en Occident la direction des côteaux, vous parcourez un espace de cinq à six lieues, varié par de nouveaux tableaux, de nouvelles décorations et des paysages enchanteurs.

De cette habitation, on découvre les dômes, les tours, les grands édifices de la capitale, les montagnes de Montmartre, du Calvaire ; et du côté opposé, l'antique fanal de Montlhéry. Rien n'est soustrait à la vue ; on peut même l'éten-

dre et la resserrer à son gré : de quelque côté qu'on la porte on rencontre
les grands traits de la nature aussi for-
tement, que gracieusement prononcés.

Pour correspondre et ajouter à la
beauté du coup-d'œil, l'effet de la perspective, dans toutes ses parties, y est
vivifié par des productions de toute espèce, par une végétation brillante, par
la circulation perpétuelle d'une grande
route, sur laquelle on découvre très-
distinctement les voitures à plus d'une
lieue de distance.

En quelqu'instant que l'on promène
ses regards sur la Seine, on la voit, soit
en remontant, soit en descendant, couverte de trains de bois, de charbon, de
provisions de tout genre, de coches, de
bateaux ; ce qui produit un mouvement
continuel et le plus intéressant des tableaux. C'est de ce côté que Paris reçoit
par la Seine descendante ses principaux
approvisionnemens.

Quoique très-élevée, cette habitation jouit de l'avantage inappréciable d'avoir même dans les sécheresses, des eaux abondantes, limpides, salubres et toujours fraîches. Elles alimentent le château, la ferme et ses dépendances, et font jouer deux jets d'eau, dont l'un a 18 pieds d'élévation; elles retombent ensuite par cascades dans une rivière anglaise, d'où elles se perdent sous terre, sans rendre le terrein marécageux; leur abondance est telle que, bien dirigées, elles pourraient suffire au service d'un moulin.

Malgré la pente assez rapide de la montagne, on a menagé transversalement plusieurs terrasses parfaitement nivelées, de plus de 500 pas de longueur. A l'extrémité orientale de celle qui est située au-dessous du Château, est un très-beau cabinet de verdure à trois portes, au milieu duquel s'élève un jet d'eau qui entretient un bassin où les objets environnans sont représentés comme dans la glace la plus pure. De ce cabinet on découvre plusieurs beaux jardins du voisinage , des bois et des berceaux parfaitement soignés et entretenus. La vue , du haut des terrasses n'est bornée que par un immense rideau qui laisse à découvert une foule de paysages dont la variété égale la magnificence.

Sous un même point de vue s'offrent à la fois des plaines fertiles , des bois , de nombreux villages , de rians coteaux , dont l'ensemble distribué à souhait pour le plaisir des yeux , est animé par des routes très-fréquentées et le brillant canal de la Seine , qui par ses contours semble se multiplier et se reproduire. La réunion de tant de beautés diverses sourit à l'imagination , transporte insensiblement le spectateur hors de lui-même , et dans un mouvement involontaire il s'écrie : quelle galerie peut entrer en parallèle avec un spectacle aussi imposant !

Si je m'arrêtais ici, vous m'observeriez peut-être avec une sorte d'inquiétude, que ces descriptions, quelque vraies et séduisantes qu'elles puissent être, laissent à désirer dans le circuit de la maison, des eaux, des bois, de la verdure, de l'ombrage, au milieu desquels on aime à rechercher et à découvrir ces retraites sombres et paisibles où l'on s'isole si agréablement pour y méditer en liberté.

Spécialement favorisé de la nature, ce site privilégié, jouit encore de ces précieux avantages.

A l'Orient de la maison, est le premier bassin qui reçoit les eaux des sources ; il est peuplé de poissons de diverses couleurs qui viennent prendre la nourriture à la main, et entouré d'un petit jardin anglais, décoré avec goût, planté d'arbres à fruits, d'arbustes à

fleurs, que les eaux entretiennent toujours dans leur première fraîcheur. Lors-
que le soleil est à la moitié de son
cours, on a l'agrément de s'y reposer
sous l'ombrage. Il est cultivé par un
sage qui en fait ses délices.

Un parc d'une assez grande étendue
communique au jardin et fait le prin-
cipal ornement de l'habitation. Il est
planté par intervalles d'arbustes qui forment des berceaux , d'arbres fruitiers,
de vignes; et couvert d'un bois percé par
de grandes allées et de nombreux sentiers en forme de labyrinthe. Entraîné
par un charme puissant , on aime à
s'égarer dans ces sentiers, qui après
divers détours conduisent à des solitudes
agréables, dont le profond silence n'est
interrompu que par le chant des oiseaux.
C'est-là que, seul avec la nature, qui
porte à tous les sens le baume de la
joie et de la consolation , avec celui des
fleurs, on est comme surpris de se re-
trouver

trouver avec soi - même et de goûter cette paix intérieure, dont le sentiment produit la douce illusion d'un bonheur sans mélange.

Du parc on atteint promptement et avec facilité le haut de la montagne qui domine et annonce au loin Villeneuve-Saint-Georges. Arrivé au pied du moulin à vent, élevé sur cette montagne, un horizon sans bornes ferait croire que l'on est sur la sommité du globe ; de vastes plaines couvertes de forêts et de fertiles moissons, entrecoupées de collines et de rivières, fixent par-tout les regards et offrent de nouvelles jouissances.

A l'une des extrémités de cette montagne et près des rochers qui la terminent au midi, on a la perspective d'un paysage qui rivalise en beauté avec ceux que je viens de décrire. C'est un vallon décoré de tout ce qui peut embellir sa circonférence ; dans le fond, coule à

B

pleins bords, au milieu d'une riante prairie, la rivière d'Hyère, ombragée de saules et de peupliers, jusqu'à l'entrée du village, où elle réunit ses eaux à celles de la Seine, en formant une espèce de port pour les barques et les bateaux. Dans le centre de ce vallon est un très-beau moulin que l'on prendrait pour une maison de plaisance; il est entouré d'arbres d'un vert étincelant, qui semblent vous inviter à descendre du côteau pour venir prendre le frais sous leur ombrage.

A la jonction des deux rivières est une fort belle terrasse qui fait angle et domine le port. Elle est couverte d'arbres à haute tige d'un aspect si imposant que l'on résiste difficilement au désir de jouir du coup-d'œil qu'elle doit offrir, et de parcourir l'enceinte qu'elle termine. Les agrémens que l'on y trouve sont bien au-dessus de l'idée que l'on s'en était d'abord formée.

Les heureux propriétaires de cette habitation (1), se font un plaisir de vous accompagner dans de vastes et magnifiques jardins, cultivés à la manière de Montreuil, et enrichis des plus beaux fruits. La terrasse et les rivières ayant disparu à vos yeux, vous oubliez quelques instans ce qui avait fait l'objet de votre curiosité; mais vos aimables conducteurs, pour vous procurer un nouveau plaisir, celui de la surprise, dirigent insensiblement vos pas au centre de la terrasse, dans le point où elle forme un demi-cercle élevé à grands frais sur les eaux. Là, vous êtes frappé d'étonnement à la vue d'un paysage d'une immense étendue, dont la variété et les agrémens ne peuvent être balancés par les produits de la plus riche imagination. Après avoir long-tems admiré tout ce qui vous environne, vous quittez à regret des lieux dont vous êtes

______

(1) M. Joly-de-la-Tour, Maire du lieu, et son épouse.

aussi enchanté que des personnes qui les habitent.

C'est une satisfaction bien douce de pouvoir épancher son cœur, lorsqu'une solitude trop profonde ou trop prolongée en provoque le désir ; c'est souvent même un besoin si impérieux que l'on regarde naturellement comme très-malheureux celui qui est obligé de vivre seul. On peut facilement ici se procurer cette distraction, sans laquelle la solitude deviendrait un tombeau ; et goûter à volonté des plaisirs aussi purs que l'air qu'on y respire.

Dans le bourg voisin du Château, existent plusieurs habitans recommandables, dont la société toujours ouverte à l'amitié, mérite d'être recherchée, par l'urbanité, la franchise et la cordialité qui s'y trouvent réunies.

Je pourrais beaucoup ajouter au

tableau des ressources qu'offre cette loca-
lité ; mais de plus longs détails passe-
raient les bornes d'une lettre. Cepen-
dant je ne dois pas vous laisser ignorer
que l'on y trouve encore tout ce qui peut
contribuer aux douceurs et aux commodités de la vie ; voitures journalières
par eau et par terre ; artistes en tout
genre ; raffinerie de sucre dirigée par un
propriétaire aussi probe qu'intelligent
(M. Cotterot); ouvriers de toute espèce , boulangers, bouchers toujours
bien approvisionnés. Joignez-y les plaisirs de la pêche , ceux de la chasse, qui
peuvent vous procurer alternativement
des jouissances de bien des genres , et
vous donner constamment la facilité de
varier à loisir les mets de votre table.

Aucun de ces objets ne doit paraître
indifférent à celui qui n'affiche pas une
austérité déplacée. L'homme sage ne
dédaigne point les agrémens de la vie ;
il se fait un plaisir d'en user , et se

borne à ne pas les rechercher avec trop d'empressement.

Telle est, mon ami, la campagne que j'habite ; elle réunit ce qui peut plaire aux hommes d'un goût épuré ; à ceux même qui recherchent les commodités de la vie, et sur-tout à ceux qui, dans un âge avancé, désabusés des illusions du monde, et dégagés de toute ambition, savent apprécier les charmes de la retraite. Vous en jugerez mieux si j'ai le bonheur de vous y posséder ; mon cœur et mes vœux vous y appellent, vous ne pouvez trop vous hâter de satisfaire mes désirs et mon impatience.

Recevez l'assurance de mon sincère attachement,

VERNIER.

DE L'IMPRIMERIE DE TESTU, IMPRIM. DE L'EMPEREUR,
RUE HAUTEFEUILLE, N°. 13.